(Conserver la couverture)

LEVEZOU DE VESINS

NOTICE

EXTRAITE DES SOUVENIRS DE L'ÉCOLE DE SAINTE-GENEVIÈVE

Par le R. P. CHAUVEAU

De la Compagnie de Jésus.

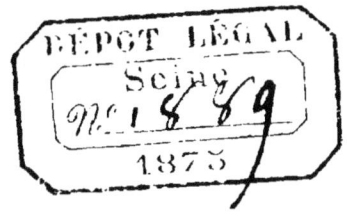

Comte ANTOINE

DE LEVEZOU DE VESINS

Comte Antoine de Levezou de Vesins, né à Paris, à l'Hôtel des Invalides, le 1er mai 1845, élève du collége de l'Immaculée-Conception à Saint-Dizier, puis de l'école Sainte-Geneviève du 4 novembre 1861 au 13 août 1862, admis à Saint-Cyr en 1862, sous-lieutenant au 93e de ligne en 1864, lieutenant en 1869, blessé à Gravelotte le 16 août 1870, mort de ses blessures à Vionville, le 17 août 1870.

En apprenant son admission à Saint-Cyr, Antoine écrivit les lignes suivantes : « Je vais entrer dans la carrière des armes, où les antécédents illustres de mes deux familles m'ont tracé le chemin. Parmi les sentiments qui m'agitent à cette heure, il en est un qui remue toutes les fibres de mon âme, celui du devoir accompli avec la plus stricte exactitude, c'est là le seul moyen d'arriver à l'honneur et à la gloire. Avec la double pensée que Dieu me regarde sans cesse et me parle par la bouche de mes parents, je me voue corps et âme au service de mon pays ; comme ces vieux guerriers français qui n'avaient d'autre devise que *Dieu et mon Roi*, je veux vivre et mourir en soldat chrétien. » Cette profession de foi résumait tous les rêves de son enfance ; elle a été la règle de sa jeunesse, et il la signera de son sang.

Antoine, alors âgé de 17 ans, était grand de taille ; son large front réflétait la pureté de son âme. Il marchait la tête haute et fière, d'un pas vif et ferme. On admirait la finesse de son esprit et l'élévation de ses idées, comme on appréciait ses convictions ardentes et ses sentiments chrétiens. La douceur et l'inspiration de son regard, l'énergie de sa voix, la délicatesse de ses manières formaient un ensemble séducteur, un vrai type chevaleresque. « Il est bon, disait-il en lisant les souvenirs de la marquise de Créqui, il est bon de sortir de son siècle pour passer dans un meilleur. » Antoine, en effet, n'était pas de notre temps. Un de ses maîtres qui le connaissait intimement l'a peint en ces termes : « Nature d'élite, enfant du xive siècle, ou mieux du xiiie car c'était plus pur. »

Que de délicieux détails renferme cette courte existence, brisée à la fleur de l'âge! « Communiquez-nous, écrit un de ses amis, les souvenirs qu'il a laissés de sa glorieuse vie, quel bien vous nous ferez à tous, en nous offrant un tel modèle à imiter! la tâche sera difficile pour nous, car il avait placé bien haut ses affections et ses devoirs, mais guidés par son image, nous aimerons à aspirer au but qu'il eût atteint si facilement. » C'est donc lui surtout que nous laisserons parler, en citant son journal et ses lettres où il se révèle tout entier, plein d'un naïf enthousiasme pour la vie militaire, du feu sacré des batailles et d'un profond sentiment du devoir.

Antoine, dès sa plus tendre enfance, avait développé, grâce à la sollicitude maternelle, les heureuses qualités de son esprit et de son cœur. Animé par les glorieux et pieux souvenirs de ses deux grands-pères, le maréchal Oudinot, duc de Reggio, et Mgr de Levezou de Vesins, évêque d'Agen, il n'eut jamais qu'un seul désir : « Je serai soldat, disait-il; maman est mon premier colonel! sur le champ de bataille, je mourrai en faisant le signe de la croix. » Nous verrons plus tard s'il tiendra sa promesse.

Dieu, sa mère, la France avaient été pour lui les

objets d'un ardent amour, et cet amour ne s'éteignit jamais. Qu'on nous permette de citer quelques traits recueillis avec soin par la famille; on pourra juger de la vérité de ces mots tracés par la duchesse de Reggio au bas d'une lettre d'Antoine : « Quel bon et gracieux cœur, que celui de ce petit garçon ! » Elle disait plus tard : « Je le vénère autant que je l'aime. »

Un jour, — il avait cinq ans à peine, — Antoine racontait à son plus jeune frère la bataille de Tolbiac : « On admire, disait-il, le vœu de Clovis. Moi je n'aime pas qu'on fasse de conditions à Dieu. Clovis aurait dû se convertir d'abord et battre l'ennemi ensuite. »

« O chrétiens, disait-il encore un peu plus tard, rappelez-vous que chaque faute que vous commettez, élargit les plaies de la bonté crucifiée. Choisissez entre ces deux extrêmes : Dieu et Satan... pour moi je choisis Dieu. » Il eut la consolation de faire sa première communion dans l'église Saint-Antoine de Bar-le-Duc, sauvée en 1789 par le jeune commandant Oudinot, depuis maréchal de France, qui employait déjà toute son influence à lutter contre la Révolution. Son âme avait faim du pain de vie : « J'ai senti dans mon cœur, disait-il, un bonheur inexprimable; je n'ai point pleuré, j'avais peur de verser une larme sur la sainte hostie ou de l'éloigner par un souffle. J'ai demandé à Dieu le courage du maréchal mon grand-père. »

« O mon Dieu, s'écriait-il dans une prière, donnez tous les bonheurs de la vie à ma mère! » Un jour que celle-ci lui demandait le sacrifice d'un plaisir en souvenir de sa première communion, et lui disait : « Va, ce sera bien; demeure, ce sera mieux. — J'y renonce, répondit-il, car dès que vous me montrez le mieux, le bien ne me suffit plus. »

On racontait devant lui le triste épisode de trois cents dragons tombés dans une embuscade russe : « Antoine, quel grand sujet pour votre album! — Oh! non, avait-il répondu, je ne dessinerai jamais la défaite des Français. » « Belle patrie de France, s'écriait-il une autre fois, je ne te quitterai que pour te défendre et pour aller dans le sein de Dieu. »

Au collége ecclésiastique de Saint-Dizier, Antoine n'avait point perdu de vue le terme vers lequel tendaient toutes ses aspirations. L'âme imbue des principes de religion et d'honneur puisés au sein de la famille, il se fit remarquer par une douce piété, par un travail assidu. « J'en suis sûr et je l'affirme à tous, disait-il, ce sont mes communions souvent répétées qui causent mes succès dans ma classe. Tous les quinze jours, j'ai le bonheur de retremper dans ce sacrement divin les forces de mon faible cœur, et mon âme rassasiée par le pain des anges, prie pour ma famille et pour moi. »

Il faisait partie de la Société de Saint-Vincent de Paul, assistait aux conférences et allait visiter les pauvres. Avec quelle délicatesse il traitait ces membres souffrants de Jésus-Christ! « Il m'en souvient, raconte sa sœur, c'était à Malicorne; nous étions réunis au salon. Antoine aperçut à la porte une vieille mendiante, il sortit; d'autres peut-être ne le virent pas, mais moi, je le surpris donnant une aumône à la pauvre femme; ce n'est pas là ce qui me toucha le plus. Il pleuvait et le perron était glissant; comme la vieille se retournait humblement pour descendre, le jeune homme lui présenta le bras pour appui et rentra joyeux de sa bonne action. »

Alors aussi l'on vit germer dans son cœur ce sentiment du devoir qui devait être le mobile de toute sa conduite. Il voulait employer de longues veilles à repasser ses matières de classe, afin de se tenir à la hauteur de ce qu'on avait le droit d'attendre de lui. « Permettez-moi le plus tôt possible, écrivait-il à sa mère, de faire une chose qui me serait bien utile : c'est de veiller, vous connaissez la force de mon tempérament ; pendant les vacances j'ai toujours veillé très-tard. » Mais le supérieur intervint, rappela que les journées de collége étaient remplies par un travail sans relâche, et déclara qu'il craignait une fatigue excessive pour cet enfant de quatorze ans qui n'interrogeait que les forces de sa volonté. Antoine se servait d'un cachet donné par sa mère et qui portait pour devise ce seul mot : *Vouloir*.

L'enfant courageux, mais peut-être trop studieux, insista pour obtenir et la permission de préparer le baccalauréat ès-lettres l'année même de sa rhétorique, et la dispense d'âge, car il n'avait alors que quinze ans. « Je me suis mis tout de suite à l'œuvre, écrivait-il au commencement d'une année scolaire, et sans écarter de ma mémoire ma famille et ses bontés pour moi, j'ai fait la guerre aux souvenirs des vacances, qui auraient pu me troubler dans mes sérieuses études. Pendant les promenades, j'emporte un livre, et je travaille. Je vous remercie de m'avoir mis sous la protection de la sainte Vierge et des puissances du ciel. Comment avec de tels moyens ne pas réussir ? » Un succès mérité couronna ses efforts, il fut admis le premier de la session avec mention honorable. « Il faut, disait-il en recevant les félicitations de ses parents, que je sois digne de vous et que je vous rende fiers de moi. »

L'année suivante, redoublant d'énergie, Antoine voulut préparer à la fois et l'examen du baccalauréat ès-sciences et celui d'entrée à Saint-Cyr. Mais il fut arrêté par une inflexible loi qui ne lui permit pas de concourir à cause de son âge. Monsieur l'abbé Guillaumet, supérieur du collége de l'Immaculée Conception à Saint-Dizier, résumait ainsi son appréciation sur le jeune élève. « J'ai connu peu d'âmes aussi pures et innocentes. Quelquefois ses condisciples accusaient ce qu'ils appelaient sa fierté, mais Dieu le maintenait ainsi dans une atmosphère de dignité, sauvegarde de sa vertu. Je l'aimais plus que je ne puis dire, Antoine est le parfum de ma vie. »

Et plus tard, il écrivait à son cher élève : « J'espère que votre santé se soutiendra toujours pour que vous puissiez faire face à toutes les exigences de votre position. *Vous ne voulez pas de juste milieu, mais le mieux en tout.* Eh bien ! persévérez, soyez toujours pieux ; et tant que vous serez dans la grâce de Dieu, tout ira parfaitement. *Que je vous voie et vous sache toujours tel que je vous ai connu.* Je vous aime d'une affection particulière et ma désolation serait grande, si je soupçonnais le moins du monde que le cœur de mon cher enfant a subi quelque blessure. Conservez-vous! conservez-vous! Ecrivez-moi souvent, car vous savez quel bonheur ce sera pour moi de vous savoir le même. »

Antoine, muni de ses deux diplômes, suivit, en 1861, à l'école Sainte-Geneviève, les cours de préparation à Saint-Cyr. Lui, qui avait dit autrefois « J'ai des rivaux aussi forts qu'il m'en faut, mais nous ne sommes pas assez nombreux, » n'avait plus rien à désirer. En récréation, on le vit se faire tout à tous, et réprimer la vivacité de son caractère. « Je vous avertis, écrit-il un jour à sa mère, que je ne me ménagerai pas, je sais par expérience que le succès ne peut s'obtenir qu'à la suite d'un travail acharné, et maintenant je me mets en mesure de satisfaire à cette condition jusqu'à mon admission à Saint-Cyr. S'il était permis de passer les récréations à l'étude, je le ferais, dussé-je affaiblir ma santé... »

Apprenant qu'une bienveillante intervention voulait faciliter son examen : « Je vous en prie, s'écria le courageux enfant, *refusez toutes les protections que l'on veut me donner, je n'en veux pas, je veux arriver tout seul,* » et il soulignait son opposition. « Dites, ajoutait-il, que je veux avoir du mérite à arriver, et que c'est à moi seul à faire ma carrière. »

A Paris, comme à Saint-Dizier, c'est du ciel surtout que le jeune candidat attendait le succès de ses examens. « Avant toute autre chose, écrivit-il le 26 mai 1862, je dois vous dire comment et où j'ai fait hier la communion hebdomadaire dont je vous ai parlé. On nous a menés à Notre-Dame-des-Victoires, et les trois cents élèves ont reçu la sainte hostie des mains du Père Recteur. C'était, je vous assure, un beau spectacle; et, j'en suis persuadé, beaucoup sont, comme moi, sortis de là encouragés et affermis pour le combat que nous allons livrer dans quelques semaines. »

Antoine avait été admis à Saint-Cyr dans un rang honorable qui témoignait de son application. Deux jours après son entrée à l'école, croyant déjà voir réalisés tous les rêves de son enfance, il écrivit à sa mère : « Enfin on est soldat ! Et c'est le plaisir de la chose ! » Une grande force de volonté lui fit surmonter facilement les ennuis que causent d'ordinaire les brimades; sa bonne grâce alla même jusqu'à s'amuser de ces tourments. Il servit ainsi sa propre cause et se fit respecter. « On me trouve fanatique, ce qui veut dire enthousiaste du métier. Or, je vous l'avoue, il faut avoir une vocation solide, pour être fanatique à Saint-Cyr. » Plus tard il regrettait qu'on eût adouci les brimades : « Cela, disait-il, avait l'avantage de vous endurcir à tout et de vous façonner un peu le caractère. »

Dans ses rapports avec ses camarades, il savait être bon ou sévère, confiant ou réservé. Il choisissait ses amis sans blesser ceux qu'il voulait écarter. Lancé dans un milieu qui pouvait offrir des écueils à son inexpérience, il sut rester maître de lui-même. Loin de se laisser influencer par des discours que tiennent souvent les jeunes gens, il n'y prenait aucune part. Son cœur si pur éprouvait un profond dégoût pour tout ce qui n'était pas honnête. Selon le témoignage d'un de ses directeurs, s'il connaissait le mal, c'était pour le repousser de toute l'énergie libre et chevaleresque de son âme. Il avait dit un jour à sa grand'mère que cette confidence avait saisie : « J'ai vu le mal d'assez près pour en avoir horreur. » Et il ajoutait qu'il ne se trouvait aucun mérite en fuyant ce qui était à fuir.

« Vos antécédents, lui écrivait alors l'abbé Guillaumet, m'ont toujours fait beaucoup espérer de l'avenir. Je vous embrasse, mon bien cher, avec toute l'affection d'un père et d'un ami. *Oui, vous avez, je le crois, conservé votre foi, vos mœurs si pures et cette belle âme qui donnait aux anges de l'admiration !* »

Comme le pieux jeune homme, tout en aimant son métier, regrettait, suivant ses propres expressions, ces bons colléges où l'on sait si bien fréquenter la chapelle! « Vous me demandez, écrivait-il, de vous parler de nos dimanches. Hélas! nos messes sont bien militaires; c'est une parade et non un office divin. Nous n'avons qu'une messe basse, le dimanche. Un piquet armé, la musique, et le grand uniforme des élèves sont le seul hommage rendu à Dieu. On est ordinairement debout, et jamais à genoux; pour moi je prie du fond du cœur. »

Puis il rassurait sa mère qui craignait pour une nature si sensible les influences d'un entourage parfois léger. « Il n'est pas besoin de vous dire que mes sentiments religieux sont toujours les mêmes. Je ne connais pas le respect humain qui est le défaut des lâches, et je ne manque jamais de prier Dieu ou la Vierge, quand je fais quelque chose. J'ai toujours mon scapulaire; j'avais perdu l'autre jour ma petite dizaine de chapelet; grâce à Dieu je l'ai retrouvée. »

Des circonstances indépendantes de sa volonté, l'avaient empêché de communier le jour de Noël, bien qu'il eût passé toute la journée précédente à parcourir les corridors pour trouver l'aumônier. Mais le 9 janvier, il parvint envers et contre tous à son but; suivant la méthode imaginée par ses prédécesseurs, il monta à l'infirmerie, sous prétexte de prendre un bain, et là reçut avec ferveur la sainte communion. « Je vous assure, écrivit-il ensuite, qu'il m'a été très-avantageux de rentrer un peu en moi-même et de puiser des forces à la vraie source. » C'est ainsi qu'Antoine, à Saint-Cyr, pouvait passer la tête haute au milieu de tout ce qui tente d'ordinaire les jeunes gens. Les jours de sortie, il se rendait à l'école Sainte-Geneviève, pour y remplir ses devoirs religieux.

L'ardeur au travail était toujours unie dans son cœur à la ferveur chrétienne. Un jour qu'il était souffrant, on l'envoya à l'infirmerie. Mais pour lui le repos était une fatigue; il demanda bientôt à reprendre la vie active. « On m'avait, disait-il, vanté l'infirmerie comme un lieu de délices, parce qu'on peut y dormir à son aise, mais je ne suis pas de cet avis. J'aime mieux être vigoureusement secoué, comme on l'est au bataillon, et avoir ainsi de petites émotions qui rompent la monotonie de notre existence. »

Sur le point de quitter Saint-Cyr, Antoine manifestait cet ardent désir de voir le feu, qui ne sera satisfait que par la mort. Il aurait voulu partir à la fin de l'année pour la province d'Oran, et commencer sa véritable carrière militaire sur cette terre d'Afrique où se sont formés tant de héros. « Quel début en sortant de Saint-Cyr; s'écriait-il, voir le feu avant d'avoir vu la garnison! » Le commandant directeur des études lui manifesta son étonnement de ce qu'il ne demandait pas l'état-major. A cette question, à celle de sa mère qui lui avait dit aussi : Pourquoi fantassin ? il avait ainsi répondu en motivant son choix : « Pour trois raisons : et d'abord, on est plus exposé; ensuite, le maréchal mon grand-père était un général d'infanterie; enfin, l'infanterie est la reine des batailles ! »

Quelques mois après, il partit, le sac lourd et le cœur léger, faisant mille rêves d'or pour l'avenir. Il fut nommé sous-lieutenant dans le 93e d'infanterie, alors en garnison à Bayonne. Dès qu'il l'apprit, il s'écria : « Puisse une campagne échoir au 93e; c'est là, pour le moment, toute mon ambition! »

Dans ses diverses garnisons, il trouva des amis qui surent apprécier la noblesse de ses sentiments. Plus tard on les a vus demander, comme une faveur, que l'hommage de leurs regrets fût gravé sur la tombe de leur jeune camarade. En se rendant à Bayonne, il rencontra à la gare de Bordeaux un sous-lieutenant du 93e, le baron de l'Estoile, qui fut heureux de présenter au régiment un officier si distingué. Peu de jours après son arrivée, Antoine écrivit à sa mère qu'il continuait à remplir ses devoirs religieux, sans s'occuper de l'opinion. Il ajoutait : « Au régiment je dois être posé, si je ne l'étais pas, je le serais vite. »

Du reste, comme il se plaît à le raconter avec une simplicité charmante, tous lui portaient le plus grand intérêt. Un général, après l'inspection, lui avait demandé la date de son entrée au corps, et s'était ému de ce qu'il n'avait pas de moustaches ; puis le colonel avait dit à son sujet les paroles les plus flatteuses, devant tout le monde. « Cela m'a d'autant plus étonné, observait Antoine, que je ne les méritais pas plus que les autres. — Je suis fier de mon brave régiment ! » On n'y était pas moins fier de lui. Son colonel M. de Bellefonds écrivait à sa grand'mère la maréchale duchesse de Reggio : « Un officier comme votre petit-fils honore le régiment dont il fait partie. »

Le récit d'un de ses voyages nous montrera comment il savait utiliser les incidents du chemin pour fortifier son caractère et retremper sa piété. Le jour du vendredi-saint, les officiers du bataillon avaient décidé que l'on ne ferait maigre que le matin. C'était leur droit de route. Antoine, lui, était résolu à renoncer à la viande pour le soir. Il voulait être fidèle à la promesse qu'il avait faite encore enfant : « Mon premier acte de courage sera contre le respect humain. » Mais Dieu se contenta de sa bonne volonté. Il fut invité par un de ses camarades de promotion à dîner à la pension des officiers du 8ᵉ de lanciers. Ceux-ci étant en garnison faisaient maigre ; « ainsi, dit-il, je me trouvai vainqueur de la difficulté, sans aucune espèce de gloire. »

A l'étape d'Auray, il n'oublia pas de visiter le sanctuaire si vénéré de Sainte-Anne. Lui et deux autres officiers revinrent de ce pèlerinage tout couverts de médailles. Le 13 septembre, anniversaire de la mort du maréchal son grand-père, il retourna à Sainte-Anne d'Auray, pour y entendre la messe et communier. « Je n'ai pas trouvé, disait-il, de meilleure manière de m'unir de cœur à toute la famille. »

Après avoir raconté les satisfactions et les épreuves de son arrivée à Lorient, Antoine écrivit à la date du 2 mai : « C'est au milieu de tout ce remue-ménage intérieur et extérieur, nécessité par notre changement de vie depuis six semaines, que j'ai rempli un devoir que la route avait entravé. J'ai été ce matin à la seule grande église qu'il y ait dans cette ville. Je me suis adressé au premier prêtre venu, et lui ai exposé ma situation. C'était un homme assez jeune qui m'a satisfait au possible, et j'ai remercié Dieu de m'avoir si bien conduit. Le lendemain, j'ai communié à une messe du matin ; il y avait un monde fou. Inutile de vous dire que je ne m'étais pas mis en bourgeois. »

A Belle-Isle en mer, il partagea son temps entre ses devoirs d'état et ses goûts d'artiste ; sa pensée se reportait souvent au château de Caylux, séjour de son enfance où il avait laissé des parents bien aimés :

> En contemplant ces flots battus par la tempête,
> Se brisant aux remparts qui ferment mon séjour,
> Je pense que de loin la timide Bonnette (1)
> De son faible tribut les grossit chaque jour.
> Se portant vers ses bords, ma rapide pensée
> De l'immense Océan affronte le courroux ;
> En la laissant errer par la brise poussée,
>   Père, mère, je songe à vous !

Cet amour de la famille qui le fit désigner plus tard sous ce titre, « le lieutenant qui aimait tant sa mère, » lui avait inspiré, dès l'âge de 15 ans, une gracieuse réponse à cette question de Mme de Vesins : « Quelle est la plus belle heure du jour ? »

> Quand le soleil terminant sa carrière
> Fuit lentement sous les coteaux,
> Et, cessant d'éclairer la terre,
> Plonge son disque dans les eaux ;
> Quand le berger, au son d'un air champêtre,
> Laissant l'ombrage frais de l'yeuse ou du hêtre,

(1) Ruisseau du château de Caylux habité par les parents d'Antoine.

> Conduit ses troupeaux au bercail ;
> Quand le gai laboureur revient de son travail,
> Ramenant sa moisson féconde ;
> Quand le batelier, quittant l'onde,
> Rapporte à ses fils réjouis
> Ses filets de poisson remplis ;
> Que dans les champs retentit la trompette
> Sonannt l'heuer de la retraite ;
> Enfin, lorsque le soir, libre, en paix et content,
> Je viens pour embrasser ma mère....
> C'est là pour moi de la journée entière
> La plus belle heure et le plus doux moment !

Lorsque Antoine quitta les âpres rochers de l'Océan pour la brillante garnison de Paris, il mérita des éloges que plus tard madame la comtesse de Polignac exprimait ainsi : « Pendant dix-huit mois il s'est fait aimer et admirer de nous tous ; les grands et les petits le regardaient comme un être privilégié. Très-aimé de ses camarades, il avait su éviter les écueils de la vie de garnison ; et moi j'avais si bien pénétré cette nature d'élite, que je lui disais souvent : « Quand mon fils sortira de Saint-Cyr, je vous le donnerai dans votre régiment, car je veux que vous soyez son guide et son modèle. »

Il ne laissa pas s'éteindre son ardeur militaire au milieu des délices d'une garnison agréable. Après avoir suivi un cours de fortifications à Romainville, Antoine partit pour l'école de tir du camp de Châlons avec des idées de travail fortement arrêtées.

« Envers et contre tout, disait-il, je veux consacrer ces cinq mois et demi, passés dans un vrai Belle-Isle en plaine, à ma carrière et à la science véritable de mon métier. Si le succès ne répond point à mes désirs, j'aurai du moins la satisfaction du devoir accompli. »

Aux dessins prescrits par l'ordonnance, il ajouta celui de toutes les armes à feu portatives en usage en France depuis le moyen-âge. « C'est, disait-il à son père, le résultat de bien des nuits écoulées entre mon poêle, mon pupitre, ma bougie, et les vents coulis de ce charmant pays, avec un cigare pour me réveiller. Nos instructeurs prétendent qu'on n'a jamais travaillé comme cette année. »

La mort de l'évêque d'Agen, son grand-père, interrompit un instant ses rudes travaux. Quand il vit le corps revêtu des habits pontificaux dans la chapelle ardente où veillaient des séminaristes, Antoine s'avança lentement, mit un genou en terre devant le lit funèbre, posa son épée nue sur le cœur qui ne battait plus, et se rappelant les paroles qu'avait autrefois prononcées le vénérable prélat... « Je voudrais être colonel d'un régiment dont tous les soldats seraient des Antoines, » il pria dans un profond recueillement, afin qu'une abondante bénédiction descendît du ciel sur ses armes.

Cette mort et celle de la maréchale duchesse de

Reggio, sa grand'mère, qui arriva un an plus tard, firent à son cœur aimant de vives blessures ; mais elles servirent à rehausser encore ses sentiments d'honneur et de foi. « La perte de mon grand-père, écrivait-il, nous laisse une ineffaçable douleur. Il fut le type le plus accompli de toutes les vertus. C'est une illustration de plus pour notre nom, et un noble exemple que nous avons à suivre. »
« Courage, ma chère mère, disait-il à Mme de Vesins après la mort de la maréchale, courage ; elle a été forte, soyons forts aussi. Si le courage n'est pas facile en de si pénibles circonstances, le beau modèle, qui ne vit plus hélas ! que dans notre souvenir et dans notre cœur, est là pour être suivi. »

De retour au camp après le service funèbre de Mgr de Vesins, Antoine trouva les esprits préoccupés de pensées de guerre. Tout le monde prévoyait un cataclysme terrible, et les jeunes ambitions de l'école de tir n'étaient pas en retard. « Quel bonheur d'être à Paris, s'écriait Antoine. L'armée de Paris ordinairement a les honneurs du premier départ ; je ne me figure pas mon impression de joie le jour où l'on recevra l'ordre de se préparer. Dans mes bons moments, j'entrevois déjà mon petit bagage de campagne, et puis le Luxembourg dans le lointain, comme un paradis. »

Au mois d'août 1867, il écrivait à ses parents :

« Cher père et chère mère, j'aurais voulu vous surprendre en datant ma lettre de Troyes, et en vous apprenant ma nomination aux grenadiers du 1er bataillon ; mais une lettre de Charles m'annonce à l'instant que la constante vigilance de ma tante m'a devancé. Ma promotion aux compagnies d'élite m'a fait le plus grand plaisir : elle m'a surpris moi-même, car on a un peu anticipé sur mon ancienneté.

« Je tombe dans une des plus belles compagnies du régiment, sous tous les rapports. C'est la première dans l'ordre de bataille, pour le quart d'heure, avantage qui, du reste, n'offre aucune espèce de chance de me faire passer colonel plus tôt. Le capitaine et le lieutenant sont tous deux jeunes et ont la sympathie de tout le monde, la mienne en particulier. »

Et après avoir fait quelques réflexions suggérées à son esprit d'artiste par la nouvelle résidence, il parle ainsi gaiement de son départ :

« J'aime à constater que l'on ne prend racine nulle part, au 93e : espérons qu'en fait de racine on ira, l'année prochaine, *planter des grenadiers* de l'autre côté du Rhin. »

Quand parut la célèbre brochure du général Trochu, il la lut avec avidité et fut frappé de cette devise : *Sursum corda*, qui se trouvait au commencement du chapitre intitulé *le Combat :* « Cette idée est magnifique. Oui, *Sursum corda*, surtout le jour où il faudra marcher en avant.

Puis, apprenant le résultat de la conférence de Londres, en 1867 : « Stupide et humiliant traité ! s'écria-t-il. Comme j'avais rêvé la poésie de la guerre : les nuits passées à la belle étoile, les fatigues constantes partagées avec le soldat, des pays nouveaux conquis ou à conquérir, mon âme remise à Dieu et mes vingt-deux ans à la France, la gaieté et les bons rires en face du canon, l'existence pleine d'émotions et cependant sans souci, peut-être aussi la croix de la Légion-d'Honneur, une épaulette de plus par suite de coups de baïonnette reçus, et je vous le promets, rendus avec usure ! »

Antoine, dont l'âme s'élevait au-dessus de toutes les joies terrestres, prenait parfois en pitié les fêtes brillantes auxquelles il était tenu d'assister. « Drôle d'existence que la nôtre ! se promener au port d'armes et en *great exhibition* devant tous les kébirs du monde en leur jetant des vivats, et puis aller l'année suivante, assommer leurs soldats qui font le même métier que nous ! » Il désirait cependant que l'hospitalité de la France fût généreuse à l'égard des puissances qui venaient la visiter ; après la tentative d'assassinat contre le Czar, il inscrivit son nom sur les registres de l'Elysée.

Au mois de novembre 1867, dans une visite à sa famille, il écrivit ces lignes, les dernières qu'il ait confiées à son journal : « On fait beaucoup de rêves, et peu se réalisent. Il y a trois ans, je partais pour commencer une vie nouvelle, forgeant et reforgeant mille châteaux en Espagne, déclarant la guerre à l'Europe et aux autres parties du monde ; je partais pour savourer les délices de la vie à la belle étoile, pleine de dangers et de privations, et un peu aussi pour faire mon chemin ; j'eusse été consterné, anéanti, si l'on m'avait prédit quand j'arrivais ravi à Bayonne, que mon régiment aurait, pour s'illustrer, à voyager par terre et par mer, de garnison en garnison, et que trois ans après ma nomination de sous-lieutenant, je serais encore dans le même grade, pas très-avancé en ancienneté. » L'ardente imagination du jeune officier avait déjà perdu toutes les illusions dont beaucoup d'autres aiment à se bercer à son âge ; mais grâce à son énergique caractère, il conservait encore, après plusieurs années de service, le même enthousiasme pour la vie militaire.

A cette époque son frère Charles partit pour Rome et s'engagea aux zouaves pontificaux. Le lieutenant-colonel de Charette écrivit à la maréchale duchesse de Reggio qu'il placerait toujours son petit-fils au premier rang du péril, afin qu'il fût au premier rang de la gloire. Antoine tressaillit en entrevoyant le bonheur de son frère et soupira après cette première place au péril. Mais Dieu le réservait pour d'autres combats. Six années auparavant, au sujet du guet-apens de Castelfidardo, il avait envié le sort des victimes en exprimant son admiration pour l'armée pontificale. « Cette poignée de héros, succombant courageusement devant des troupes innombrables, a plus de gloire dans sa défaite que n'en ont ses infâmes vainqueurs. Ce sang, répandu pour la défense de la plus sainte des causes, est un gage d'immortalité pour les héroïques soutiens du chef de la chrétienté. Que leur sort est digne d'envie ! »

Et il écrivait en parlant du souverain Pontife : « Au milieu du chaos révolutionnaire se montre la grande figure de Pie IX. Vit-on jamais une attitude à la fois plus calme et plus digne que celle du saint et noble vieillard ? Dépouillé, trahi, en butte à la calomnie, à la haine, il n'en est pas moins radieux et ferme, car il sent qu'il a pour le soutenir ce qui n'a jamais faibli, la main sacrée qui a créé le monde. »

Antoine au régiment savait refuser les plus agréables congés pour rester fidèle à son poste : « La route, disait-il en annonçant un changement de garnison, aura probablement lieu en septembre, vers le 15 ou le 20. Je pourrais y manquer, mais je tiens essentiellement à ne pas le faire; car beaucoup d'officiers y manqueront; or, comme c'est un service pénible, il faut que les hommes aient au moins quelques chefs à leur tête, et dans ce cas, les jeunes font meilleur effet que les vieux. Si je suis dans quelques jours l'objet d'une faveur, ce sera une raison de plus. »

Il allait être nommé lieutenant, après avoir été cité à l'ordre d'inspection du régiment, une fois pour une étude topographique et la question qui y était attenante, une autre fois pour un travail sur l'emploi des télégraphes en campagne. « Je termine mes opérations au 93e, disait un général inspecteur, et je puis vous annoncer que M. de Vesins est mon premier candidat comme lieutenant au choix. C'est un charmant officier qui a de l'avenir, du savoir et du feu sacré. »

Le *Moniteur de l'Armée* lui apporta, le 15 août 1869, la nomination attendue. « Oui, écrivit-il à sa mère, je suis dans la joie; mais je vous le dis en toute sincérité, la plus grande partie de cette joie est due à la pensée du plaisir que vous causera cette nouvelle. » « Ma mère me félicite, avait-il dit. Ah! si elle savait jusqu'où me ferait aller son suffrage! »

Le pieux jeune homme continuait ainsi sa lettre :

« Les hasards du service m'ont fait porter pour la dernière fois mon épaulette à droite, dans un lieu tel que je n'aurais pu mieux choisir ; c'était le matin, à l'église d'Arcueil, où je commandais le piquet du *Te Deum*. Je vous avoue que, sous les armes, j'ai beaucoup plus pensé à la véritable patronne de la France, qu'au saint que j'étais venu fêter officiellement ! »

« Je ne vous dis pas de remercier Notre-Dame-de-Livron pour moi ; je sais que vous ne différerez pas ce devoir. »

Ce nouveau grade était le juste prix de qualités militaires qui devaient lui mériter un jour les sincères témoignages de ses compagnons d'armes, de ses chefs et spécialement du maréchal Canrobert. Celui-ci, dans sa captivité d'outre-Rhin, se faisait souvent raconter la mort héroïque du jeune lieutenant de Vesins pour laquelle il professait la plus grande admiration.

De Caen, où il était allé en garnison, Antoine, depuis longtemps privé des douces joies de la famille, formait les plus beaux projets d'avenir. Apprenant, au mois de février 1870, que son bataillon allait partir pour le Hâvre où il serait détaché pendant six mois, il invitait ses parents à venir passer l'été près de lui. « Je forme depuis quelque temps un rêve charmant dont la réalisation serait plus charmante encore. Pourquoi ne viendriez-vous pas tous aux bains de mer cet été? Cela vous ferait un grand bien, et à moi aussi par contre-coup. Je vous retiendrais, sur l'une des plages qui environnent le Hâvre, une petite maison, comme on en voit partout ici sur les bords de la mer. Vous vous y installeriez pendant quelques semaines, et je passerais tout mon temps avec vous. »

En attendant, il travaillait avec une ardeur infatigable pour satisfaire à ses obligations d'officier de tir et de directeur des écoles. « Je ne fais pas d'histoire, cette année, disait-il; c'est la géométrie et la grammaire qui sont l'objet de mon principal cours. J'avoue qu'il est un peu dur de se remettre aux mathématiques, si élémentaires qu'elles soient, après huit années de séparation; mais si peu sympathiques que m'aient été ces matières, je ne les ai pas trop oubliées. »

De nouvelles occupations allaient bientôt lui enlever tout repos. On venait de former dans les régiments des commissions d'officiers chargés de travaux d'art militaire, et il fut choisi pour en faire partie; son rapport, résumé des travaux de la Commission, obtint l'approbation du général et du colonel. Il reçut de nouvelles félicitations pour un autre travail qu'il avait fait après une longue marche militaire. C'était d'abord le levé topographique du terrain parcouru, puis, un rapport concernant les détails statistiques, et diverses considérations sur les positions à occuper ou à défendre.

« Je suis accablé par mon tir et mes écoles, écrivait-il du Hâvre, je n'ai pas un moment à moi pour le quart d'heure; dans quelques jours, pour comble, je vais faire un cours de tir aux officiers. » Dans une lettre écrite à minuit et demi, il avouait qu'il était surchargé. « J'ai des journées entières de travail à la caserne ou chez moi, et souvent, la nuit. Tout cela sera sans doute pour le roi de Prusse! »

La vie de garnison nous a montré ce qu'Antoine voulait être avant tout : *L'homme du devoir*. L'estime de ses chefs, l'affection de ses subordonnés témoignaient de la bonne grâce avec laquelle il acceptait et faisait accepter les obligations du service militaire.

Cependant cette vie qu'il savait utiliser par de sérieuses études, n'était pour lui qu'une préparation au champ de bataille : il lui semblait qu'il n'y arriverait jamais assez tôt. Hélas! son impatiente ardeur allait être bientôt satisfaite. Aussitôt qu'il eut appris la rupture avec la Prusse, sa joie fut au comble : « Ah ! je crois enfin que nous y voilà, s'écriait-il le 9 juillet. » Toutefois une terrible appréhension l'agitait encore : « Mais si le régiment ne partait pas, s'il était condamné à garder les pâturages de la Normandie ! Cette horrible perspective vient parfois nous glacer. Ah ! si un pareil malheur allait nous frapper, je commencerais, en dépit de mes préventions, par supplier tous les généraux que je peux connaître, de me donner un petit coin dans leur état-major, et si j'échouais, je ne sais de quoi je serais capable. Je crois que je laisserais mes épaulettes, et que, malgré mes huit ans de service, j'irais à l'ennemi, le fusil à la main et gaiement encore. » C'était là depuis longtemps sa manière d'apprécier les choses ; il avait un jour écrit à son jeune frère Auguste : « Sois sûr que tu ne déroges pas, quel que soit ton grade en débutant. D'autres que nous ont accepté les services du métier pour participer à sa grandeur. »

Le 19 juillet, l'ardent désir qu'il avait si souvent manifesté d'entrer en campagne, était sur le point de se réaliser. « La guerre est déclarée et le 93e part ! Mais où allons-nous ? Quand partons-nous ? Qui nous commande ? Où serai-je dans un mois ? » Le 17 août il devait paraître devant Dieu.

Le 6e corps commandé par le maréchal Canrobert, et dont son régiment faisait partie, avançait trop lentement à son gré. On avait appris qu'il formerait une armée de réserve ou d'observation. Antoine en partant pour Soissons ne pouvait se consoler : « Voilà comment finit ce beau rêve de toute ma vie. Quand vous lirez dans les journaux les bulletins de victoire de notre armée, le récit des terribles et sanglants combats qu'elle aura livrés à un ennemi digne de nous, pensez que les plus malheureux ne sont pas ceux qui gisent sur le champ de bataille, mutilés ou mourants, mais bien ceux qui regardent cet enivrant spectacle le sabre au fourreau, et qui, plantés comme des bornes stupides, à quelques lieues de la frontière, sont condamnés ainsi au plus affreux supplice qu'on puisse infliger à un soldat. »

« J'ai reçu toutes vos croix, médailles, scapulaires, chère mère, soyez tranquille, ils ne me quitteront pas. Quant aux aumôniers, je crois qu'il n'y en aura qu'un par division, comme toujours. Je vous dirai le nom du mien ; soyez tranquille à ce sujet. Si je vais à l'ennemi sans avoir préalablement mis mon compte en règle, ce ne sera pas de ma faute. L'autre jour au Hâvre, avant le départ, on agitait cette question à table, et j'ai dit que, dussé-je traverser tout le front de bandière du camp pour aller trouver l'aumônier la veille d'une affaire, je le ferais. Vous savez que je n'ai pas deux paroles. Du reste je ne serai pas le seul, et je me considérerais comme un triste soldat, si je n'agissais pas de la sorte. »

Les adieux du Hâvre au 93ᵉ furent enthousiastes : punch offert aux officiers, ovations aux soldats, sur toute la route marques de sympathie et de confiance. « Un peu trop de Marseillaise, observait Antoine, mais beaucoup de bonnes intentions. Chez nos hommes l'élan tourne au lyrisme. Enfin! pourvu que tout cela soit bientôt mis à profit, c'est tout ce que je demande. »

Au camp de Châlons, il reçut de Mgr Level, supérieur de Saint-Louis des Français à Rome, une lettre qui devait être à la fois un encouragement et une consolation. Elle annonçait une bénédiction spéciale de Pie IX pour lui et pour tous les soldats de sa famille. Cette bénédiction sollicitée par sa mère, et à laquelle le Saint-Père avait spontanément ajouté les indulgences *in articulo mortis*, fut accueillie avec joie par Antoine, car la cause du Pape était l'objet de toutes ses affections.

On l'avait entendu s'écrier à la déclaration de guerre : « Oh! non, on ne retirera pas les troupes de Rome, espérons-le ; vous ne sauriez vous faire une idée de la manière dont cette crainte trouble mon bonheur actuel. » — Et lorsque son frère le zouave pontifical, croyant Rome à l'abri, songeait à venir défendre la patrie menacée, il lui avait tracé, le 29 juillet, la ligne de conduite à tenir dans les circonstances difficiles où il allait se trouver.

« Mon cher Charles, je n'ai pas encore eu le temps de te dire combien je pensais à toi dans tout ce branle-bas de combat. Ta lettre écrite au moment où j'allais quitter le Hâvre m'a ému jusqu'aux larmes, car, avec nos idées, il n'y a rien de plus déchirant que le spectacle d'un soldat forcé de rester au repos quand son pays est en guerre. Toutefois ce n'est pas là ta position. On annonce le prochain départ de nos troupes de Rome. Je ne sais jusqu'à quel point ce que l'on dit est officiel, mais tout le monde en parle. »

« On m'a tenu au courant de tes agitations que je comprends certes, et de tes démarches pour venir t'engager dans l'armée française; personne dans la famille (et moi-même moins que personne) n'approuve ton désir de quitter ton drapeau en un pareil moment; et si petites que tu croies les chances d'une attaque du territoire pontifical, si grand que soit l'attrait de la guerre que va livrer l'armée française, tu te dois plus que jamais à la **noble et** faible cause dont tu t'es fait le champion volontaire. Du reste, ce n'est pas moi qui t'apprendrai que l'armée pontificale est le foyer classique des généreux élans et des sacrifices chevaleresques. Et quel sacrifice plus beau peux-tu faire au parti pour lequel tu n'as pas encore eu l'honneur de verser une goutte de sang, que celui d'une vocation patriotique comme celle qui t'entraînait à l'armée du Rhin ? En Italie tu trouveras facilement, quoi qu'il arrive, l'occasion d'acquérir une belle part de gloire. Les vaincus de Castelfidardo étaient à la hauteur des vainqueurs de Solférino. » Ces conseils dénotent une grande maturité de jugement ; ils furent fidèlement suivis. N'étaient-ils pas bien dignes de celui qui voulait encore enfant s'engager au service du Saint-Siége ! « J'ai quatorze ans, avait-il dit, je voudrais en avoir dix-huit, et je partirais immédiatement. »

Antoine était enfin parvenu au comble de ses vœux. Dans un séjour près de leur tante, madame Perron, au château de Malicorne, le frère et la sœur s'étaient rencontrés à l'autel de Notre-Dame du Chêne, où chacun d'eux allumait un cierge. « C'est pour que le 93e fasse bientôt campagne, disait l'un à la vierge miraculeuse. — C'est pour qu'il n'aille pas à la guerre, disait l'autre. »

Une lettre du 9 août, la dernière qui soit parvenue à la famille, annonçait la marche à l'ennemi. « Il a mieux prié que moi, » observa la sœur d'Antoine. « Nous sommes dirigés sur Metz, écrivait-il, et de là, sans doute, sur messieurs les Prussiens. »

L'enthousiasme du jeune lieutenant n'était pas refroidi : « Nous allons venger nos camarades de Reichshoffen et de Wissembourg accablés par le nombre. Pour moi, je ne forme qu'un vœu : Aller au feu, partout, toujours ! » Le général Oudinot, comte Henri de Reggio, nous a conservé de précieux détails sur la dernière journée d'Antoine au camp de Châlons. « Le 9 août, au matin, raconte-t-il, j'allai le voir à sa compagnie; nous nous fîmes des adieux provisoires : « Au revoir! me dit-il; nous sommes du même corps, nous nous rejoindrons bientôt. » Mais, par un pressentiment que je bénis aujourd'hui, quand vint l'heure à laquelle il devait gagner la gare, je me fis seller un cheval pour aller lui souhaiter une bonne route. Il était tout équipé, prêt à se mettre en marche, son *caban* en bandoulière, l'air décidé, sans fanfaronnade. Je fus content de le voir ainsi; j'étais fier de son ardeur. Les officiers qui m'accompagnaient me félicitèrent sur son bon air et sa tenue parfaite. Il me remercia de ma démarche. Allons! bon voyage, lui dis-je, et à bientôt ! — A bientôt ! me répondit-il, avec une dernière poignée de main. »

Antoine traversa Bar-le-Duc le 10 août, à quatre heures du matin, et si vite que des amis qui se précipitèrent pour lui serrer la main, ne virent que la fumée du train qui l'emportait, et ne recueillirent que les nobles impressions qu'il avait laissées sur son passage. Il salua de loin la statue du maréchal son grand-père, dont il avait demandé le courage, le jour de sa première communion. Puis un profond silence entoura la marche du 93e. La mère d'Antoine, ne sachant si le canon était plus à craindre pour son fils que la brûlante impatience qui le consumait, priait à ce moment même pour qu'il se battît !

Tout à coup on apprit que de sanglants combats se livraient autour de Metz. Que devenait Antoine ? Le 93e avait assisté le 14 août à la bataille de Borny, mais sans y prendre part. Pendant le choc des deux armées, un groupe de jeunes officiers suivait des hauteurs les péripéties du combat. « N'est-il pas triste, s'écria l'un d'eux, de voir tomber tant de braves gens, et de penser que nous tomberons peut-être nous-mêmes demain, victimes des fautes d'un inepte gouvernement ? » Antoine était présent. « Nous ne sommes en aucune façon responsables des fautes qui peuvent avoir été commises, répliqua-t-il vivement, et il ne nous appartient pas de les contrôler; mais permettez-moi de vous dire que notre devoir est de donner notre vie sans regrets, pour le salut de notre pays, et quant à moi, je me trouverai très-honoré, si demain je meurs en le défendant. »

Le soir même, le régiment traversa la ville de Metz, musique en tête, et se dirigea plein d'entrain et d'ardeur vers Gravelotte. « Je n'ai rencontré le 93ᵉ qu'une seule fois pendant la campagne, raconte un chef d'escadron d'artillerie, le comte Ladislas de Vesins; c'était au ban Saint-Martin, durant une marche de nuit, le 14, après la bataille de Borny; je demandai Antoine, et son nom répété de rang en rang le jeta bientôt dans mes bras. Une chaleureuse étreinte nous réunit, puis chacun de nous regagna son poste en criant : Bonne chance! Au revoir! »

Le 15 août, le 93ᵉ d'infanterie de ligne venait camper dans la plaine vers trois heures de l'après-midi. Le lendemain dès le matin, Antoine, plein de feu sacré, cherchait à faire passer dans l'âme de ses soldats l'ardeur qui l'animait lui-même. Il commandait la compagnie, car le capitaine remplissait alors les fonctions de major. A huit heures une détonation retentit, c'était le signal du combat. Quelques heures après, il était engagé sur toute la ligne. Au premier coup de canon, Antoine avait tendu la main à son sergent-major, en lui disant : « Ce soir j'espère vous compter au nombre des officiers du régiment. » Puis il s'était élancé au pas gymnastique, à la tête de sa compagnie, vers un poste assigné d'avance, la rangeant en bataille sous un effroyable feu d'artillerie. Soudain un obus vint éclater entre lui et son sergent-fourrier; il ôta son képi avec cette grâce chevaleresque qu'il tenait du maréchal son grand-père, et s'écria : « Je salue le premier projectile qui me donne le baptême du feu. »

Quand arriva l'ordre de marcher à l'ennemi, Antoine s'avança la tête haute, le front joyeux : « Lieutenant, crièrent ses hommes, prenez garde, on vous vise » mais lui souriant au danger, et brandissant son sabre, commanda en avant ? A peine eut-il fait quelques pas, au milieu de la mitraille, que, frappé d'une balle au côté gauche, il tomba dans les bras de son sergent-major. « Il me regarda, raconte celui-ci, et me dit : « Mon pauvre Morel, j'ai mon compte réglé, je le sens; abandonnez-moi, et surtout vengez-moi. » Il me dicta ses dernières volontés; voici ses propres paroles: « Prenez ma montre, Morel, et si dans cette guerre vous avez le bonheur de ne pas être tué, rapportez-la à ma famille. Prenez pour vous ma gourde et ma valise, et pensez à la bonne amitié que j'avais pour vous. »

Le fourrier était accouru pour porter son lieutenant à l'abri du danger. « Lorsque nous l'eûmes posé à terre, raconte-t-il à son tour, il nous dit : « Allez reprendre votre place de bataille et veillez à ce que les hommes marchent bien au feu... qu'ils se conduisent en Français, comme si j'étais là.... Cachez-leur ma mort de peur de les décourager. » La compagnie venait de s'arrêter et de commencer une vive fusillade contre les Prussiens. On put donc rester à l'écart pour donner au pauvre blessé les premiers soins que réclamait son état. Ses habits ouverts permirent d'apercevoir une large blessure : « Laissez-moi là, dit-il, ne perdez pas votre temps à me porter à l'ambulance. Vous direz à ma mère et à mon père, ajouta-t-il en faisant le signe de la croix, que leur fils est mort en soldat et en chrétien. »

Il cherchait à se retourner sur le côté, lorsqu'un éclat d'obus vint lui broyer la jambe droite : « Vous le voyez, dit-il, il faut que ma destinée s'accomplisse. Si ma première blessure n'était pas mortelle, on serait forcé de me faire l'amputation. »

Sur sa demande, on courut demander à quelques hommes restés en arrière de l'eau pour étancher une soif brûlante; vingt gourdes furent immédiatement tendues, mais à peine eut-il avalé quelques gouttes qu'il vomit le sang avec abondance. Comme il croyait sa mort prochaine, il fit de nouveau le signe de la croix et murmura une prière en regardant le Ciel. Sa figure, a dit le sergent Morel, s'illumina d'une joie céleste quand il l'eut terminée. Il vit le sous-lieutenant Duboc, emporté vers l'ambulance sur les bras de ses hommes. « Morel, dit-il alors au sergent-major, je vous donne le commandement. Reprenez vos places, mais avant de vous éloigner, tournez ma tête du côté du combat, afin que je puisse savoir si nous sommes victorieux. » On plaça donc la tête du blessé selon son désir sur un havre-sac; puis, comme il avait fermé les yeux, les deux sous-officiers s'agenouillèrent afin de voir s'il respirait encore. Antoine les regarda pour les remercier, prononça d'une voix éteinte le nom de sa mère et celui de Dieu, et ne fit plus aucun mouvement.

La compagnie, trop exposée au feu de l'ennemi, reçut l'ordre de changer de position; le blessé qu'on avait cru mort resta trente heures étendu sans secours sur le champ de bataille. Le 17 au soir, il fut transporté par les Prussiens à l'ambulance de Vionville, et déposé sur la paille d'une chaumière : « Y a-t-il un prêtre ici? demanda-t-il en entrant; mes forces s'épuisent; il me reste peu d'instants à vivre; je veux me confesser. » Une faiblesse extrême ne lui permit pas de parler davantage. « Il n'était pas possible, disent MM. Guillemin et Marteau, médecins de l'ambulance, de voir de plus cruelles souffrances supportées avec plus de résignation, de douceur et de sérénité. »

M. l'abbé Galho, aumônier du 7e corps, se présenta dans l'appartement où se trouvait Antoine, et demanda si quelqu'un n'avait pas besoin de son ministère. Il s'approcha aussitôt du jeune lieutenant, et, se jetant à genoux, se pencha vers sa tête : « Recommandez-vous bien, lui dit-il, au bon Dieu qui vous envoie son ministre pour vous bénir. » Antoine ne se faisait aucune illusion sur la gravité de sa blessure ; il se confessa, et reçut aussitôt après le sacrement de l'extrême-onction. « Comme il paraissait souffrir beaucoup, raconte l'aumônier, j'évitai de le faire parler, pour ne pas le fatiguer. Je lui suggérai seulement quelques oraisons jaculatoires, et des invocations à Jésus-Christ souffrant pour nous, à Marie notre mère, et à saint Joseph patron de la bonne mort. Dans l'état fiévreux d'émotion où je me trouvais, je ne lui avais pas même demandé son nom. Mais il me fit signe d'approcher : « Ecrivez à ma mère, me dit-il, que je meurs en chrétien. Ecrivez aussi que je suis mort sans crainte. » Il n'ajouta plus rien, il était si fatigué ; une heure après je rentrai, il n'était plus de ce monde. » Antoine tenait en mourant sa promesse, car il avait dit à sa mère avant le départ : « Soyez tranquille, vous connaîtrez mon aumônier. »

« Du reste, madame, écrivait encore l'abbé Galho à la mère d'Antoine, lorsqu'on cherchait en vain ses précieux restes si providentiellement découverts plus tard, le grand fait qui plane avec évidence au-dessus de toutes les particularités, est celui de la mort chrétienne de Monsieur de Vesins. Votre cœur, au milieu de tous ses déchirements, en a déjà fait au pied de la croix le sujet d'une sublime consolation. C'en est une bien grande pour moi-même, d'avoir été l'instrument de la divine Providence, pour consoler ses derniers moments et lui donner, avec la réconciliation suprême, le sacrement des mourants. Je me rappellerai toujours la demande que je lui fis à mon tour, lorsqu'il m'eut prié de vous écrire qu'il mourait en chrétien : « Allons, mon ami, lui dis-je, vous êtes sur la croix, du courage! Résignation à la sainte volonté de Dieu, union de vos souffrances à celles de notre divin Sauveur; et aussitôt que vous serez arrivé dans le ciel, ne m'oubliez pas, je vous prie. »

Les derniers battements de ce cœur généreux avaient été pour Dieu, la France et sa famille. Antoine mourut, comme il l'avait désiré dès son enfance, en faisant le signe de la croix et *Per lo gratio de Dioux*, ainsi que porte la devise de ses ancêtres.

A la nouvelle de sa mort, tous ceux qui l'avaient connu et aimé, prélats, compagnons d'armes, hommes du monde adressèrent à sa famille des témoignages d'admiration et de sympathiques regrets.

Une lettre de Mgr l'évêque de Poitiers résumera ces éloges si bien mérités.

« Votre fils, écrivait-il à Mme de Vesins, était de la race des Machabées; vous devez le regretter, le pleurer; mais comment le plaindre? ou bien ces combats meurtriers seront suivis d'une paix glorieuse et chrétienne, et alors quelle gloire devant Dieu et devant les hommes d'avoir acheté au prix de son sang un pareil triomphe! Ou bien notre infortunée France est condamnée à rester longtemps meurtrie des coups qu'elle reçoit à cette heure, et alors, c'est le cas de dire avec les héros de la Judée : A quoi bon vivre encore? Il nous est meilleur de mourir que de voir les maux de notre nation et la destruction de tout ce qui est sacré!... C'est dans ces sentiments que vous porterez votre rude et terrible épreuve, sans que la force de votre courage diminue en rien la tendresse de votre cœur!... Votre Antoine n'a rien perdu de sa distinction et de ses hautes qualités en prenant possession d'une vie et d'une patrie meilleures. Vivez par la pensée avec lui, assurée de son bonheur, en ne doutant pas un seul instant que tout ce qu'il eût pu acquérir de gloire ici-bas, lui soit acquis dans le ciel. »

Son corps avait été jeté dans une fosse commune malgré les réclamations du fossoyeur qui ne voulait pas, disait-il, le mettre avec les autres à cause de sa distinction. Plus tard, sur un ordre envoyé par la reine de Prusse au gouverneur de Metz, on chercha vainement sur le champ de bataille celui que ses parents étaient venus réclamer. Dix mois seulement après ces douloureux événements, des ouvriers découvrirent par hasard le corps d'un lieutenant du 93e, c'était celui d'Antoine. Il fut reconnu, ramené de Metz au château de Caylux par son frère Charles, ce courageux zouave que la mitraille avait épargné sur la brèche de la Porta Pia et dans les plaines de Loigny.

Les textes sacrés inscrits autour du catafalque racontèrent l'histoire de ce vaillant soldat qu'un vieil officier appelait, dans son langage original, « un vrai chef-d'œuvre », et dont la pure et noble jeunesse, dit Mgr Dupanloup, avait été couronnée par une mort héroïque. « Dans la brièveté de ses jours, il a rempli les œuvres d'une longue vie. — J'ai bien combattu, j'ai achevé ma course, j'ai gardé ma foi. — Au plus fort des douleurs, il regardait le Ciel en souriant. — Il nous est meilleur de mourir dans le combat que de voir les maux de notre peuple et la destruction de toutes les choses saintes. »

Nous terminerons ce récit par une lettre du colonel Ganzin, qui commandait le régiment d'Antoine. Il écrit de Saint-Étienne, le 7 septembre 1871, au comte de Vesins :

« Monsieur,

« Tous nos prisonniers de guerre sont rentrés maintenant en France. Beaucoup d'entre eux ont été incorporés dans des régiments de nouvelle création ; d'autres ont été dans leurs foyers, soit par suite de libération, soit par suite de blessures, qui ne leur permettent pas de servir activement. Ceux qui nous ont rejoints ont complété nos renseignements sur les diverses phases des combats que nous avons eu à livrer, et sur les circonstances qui ont accompagné la mort de tant de vaillants officiers et soldats tombés au champ d'honneur.

« Parmi les officiers que le régiment a perdus dans la dernière campagne, pas un n'était plus estimé, plus aimé, que votre fils Antoine de Vesins. Tous appréciaient son caractère affable et ses nobles sentiments.

« Nous étions heureux de voir dans nos rangs un officier si distingué et dont l'avenir, au début de cette malheureuse guerre, se présentait sous de si beaux auspices. Hélas ! la mort nous l'a ravi, et nous n'avons pu, à sa dernière heure, lui serrer la main.

« Le 16 août 1870 (bataille de Gravelotte) vers

une heure de l'après-midi, la 2e compagnie du 3e bataillon commandée par M. le lieutenant de Vesins, reçut l'ordre de se porter en avant : elle marcha sous un feu des plus vifs avec un élan admirable, et, malgré des pertes nombreuses, elle suivait, sans hésiter, son lieutenant, lorsque ce dernier tomba atteint d'une balle dans le ventre.

« Son sergent-major, M. Morel, et plusieurs hommes de sa compagnie l'entourèrent et voulurent le relever; mais Vesins, conservant tout son sang-froid, les en empêcha : «Laissez-moi, mes amis, leur dit-il, « je suis blessé mortellement : continuez à marcher... « allons, en avant! et vengez-moi! » Il aperçut à côté de lui son sergent-major et lui remit sa montre, en lui disant : « Vous donnerez cette montre à ma mère, « et vous lui direz que je suis mort en chrétien et en « soldat. » Il fit un signe de croix, et au même moment un obus lui fracassa la jambe gauche. Le lendemain, il expirait à l'ambulance de Viouville.

« Ce récit est celui des soldats qui ont vu mourir votre fils; puisse-t-il, Monsieur, vous apporter quelque consolation dans votre profonde douleur. Quant à nous, nous le conserverons précieusement comme un souvenir glorieux pour le régiment.

« Veuillez agréer, Monsieur, l'assurance de mes sentiments respectueux.

« Signé : Le colonel du 93e de ligne,

« L. Ganzin. »

www.ingramcontent.com/pod-product-compliance
Lightning Source LLC
LaVergne TN
LVHW020046090426
835510LV00040B/1440